# LETTRE

D'UN

## ANCIEN MAGISTRAT

RÉSIDANT A L'ILE DE BOURBON,

A UN ANCIEN MAGISTRAT DE LA MÊME ILE,

RÉSIDANT PRÉSENTEMENT EN FRANCE.

———

Saint-Denis, île de Bourbon, 21 juin 1828.

MONSIEUR,

Et nous aussi, Français d'outre-mer, sujets fidèles et habitans de l'île de Bourbon, nous avons recueilli avec avidité ces paroles émanées d'une bouche auguste : « Voulant affermir de plus en plus, dans » mes états, la charte qui fut octroyée par mon » frère, et que j'ai juré de maintenir, je veillerai » à ce qu'on travaille avec sagesse et maturité à » mettre notre législation en harmonie avec elle. »

Déjà la charte avait dit :

« Que les colonies seraient régies par des LOIS, et » des règlemens particuliers. (Art. 73.)

» Que la puissance législative s'exerce collective-» ment par le Roi et les deux chambres. (Art. 15.)

» Que les règlemens et les ordonnances n'ont » pour objet que l'exécution des LOIS et la sûreté » de l'état. (Art. 14.) »

Le droit particulier garanti par l'état à l'île de Bourbon, comme colonie, est donc qu'elle soit régie par des LOIS, sans préjudice des ordonnances nécessaires à leur exécution. (*Rubrique des* art. 66, 70, 71, 72, 73 et 74.)

Et cependant, depuis quinze ans bientôt révolus, aucune LOI ne nous a été donnée, si ce ne sont celles relatives à la suppression de la traite des noirs. Aucune institution n'a encore fixé l'existence légale d'une population aussi industrieuse, aussi éclairée, aussi spirituelle, en un mot aussi virile que celle de l'île de Bourbon.

Il semble au contraire que, dans un système auquel nous sommes forcés de ne donner pour base que des vanités capricieuses ou des combinaisons d'intérêt individuel, on se soit attaché à ne présenter cette même population que comme une matière brute, bonne, tout au plus, à être travaillée par des ordonnances.

En effet elles ne nous ont pas manqué.

Il me suffira, Monsieur, d'en faire repasser sommairement quelques-unes sous vos yeux, pour que vous saisissiez tout ce que cette manière d'administrer offre d'humiliant et d'oppressif, et tout ce qu'elle engendre de désaffection.

En 1814, ORDONNANCE, qui rend à l'île de Bourbon le régime qu'elle avait en 1789. C'était, pour la partie militaire et administrative, un gouverneur et un intendant ; pour la partie judiciaire, un juge royal et un conseil supérieur, où le gouverneur et l'intendant prenaient séance, le premier comme représentant de Sa Majesté, et le second comme premier président.

En 1816, ORDONNANCE, qui, réformant l'ordre judiciaire, crée un tribunal de première instance et une cour royale, en imitation des tribunaux de la métropole. On voulait rendre, disait-on alors, l'indépendance aux magistrats, et une entière sécurité aux justiciables, en écartant des fonctions du juge le gouverneur et l'intendant. C'était un bienfait : mais il fut bientôt décidé que la colonie n'en jouirait pas long-temps.

En 1818, ORDONNANCE, qui remet l'autorité administrative et militaire aux mains d'un chef unique, sous le titre de COMMANDANT ET ADMINISTRATEUR POUR LE ROI. Il n'est plus question de gouverneur.

En 1825, ORDONNANCE en 195 articles.

C'est un gouverneur en conseil privé, qui ne décide que sauf l'approbation du gouvernement, et un conseil général de la colonie, qui ne décide rien du tout. Mode compliqué, dispendieux, hors des besoins du pays, et fécond en occasion de froissemens.

Cette ordonnance, qui semble comporter quelques concessions faites aux libertés publiques de la colonie, n'en contient aucune en réalité. Anticipant même sur l'oppression consommée par celle du 30 septembre dernier, le troisième paragraphe de son article 116 attribue au procureur-général la censure des écrits en matière judiciaire et destinés à l'impression...... Le procureur-général censeur des écrits en défenses des parties! Lui, partie jointe, et dans certains cas, partie principale, en matière civile! Lui, pouvant toujours prendre l'initiative de décision, dans les affaires où la loi n'oblige pas son intervention! (Art. 83 du code de procédure civile.) Lui, enfin, toujours partie principale en matière criminelle!! Ce sera donc une partie adverse qui censurera ou supprimera ma défense à son gré!!!

Et l'on n'a pas craint, dans une médaille d'or de trois cents francs, et du plus beau travail, de qualifier de CHARTE COLONIALE (1) cette série d'articles, qui ne consacre ni représentation coloniale indépendante, ni vote libre et raisonné de l'impôt, ni liberté dans la défense des parties en jugement, et qui laisse pressentir que bientôt nous n'aurons plus qu'une magistrature révocable à volonté. Je ne parle pas de la liberté indéfinie de la presse : la colonie n'en voudrait pas, parce qu'elle en sent le danger ; mais pour les écrits purement

(1) Les deux conseillers coloniaux faisant partie du conseil privé, et nommés par le Roi, reçoivent chacun, par mois, une de ces médailles. D'un travail achevé, elles représentent d'un côté, Sa Majesté en pied dans ses habits royaux, le sceptre d'une main, et tenant de l'autre un volume à moitié déroulé, sur lequel est écrit *charte coloniale*. Le revers porte ces mots : *conseil privé, colonies françaises*.

judiciaires, pourquoi cet asservissement, inconnu jusqu'ici à Bourbon? Au temps des bonnes censures en France, l'édit du 18 février 1723 en avait affranchi tous mémoires et factums, pourvu qu'ils fussent revêtus de la signature d'un avocat ou d'un procureur. L'intérêt personnel serait-il encore ici pour quelque chose, et aurait-on à redouter, dans l'avenir, quelque révélation fâcheuse?

En 1826, ORDONNANCE, qui établit une caisse d'escompte et de prêt, et qui en règle les statuts, en 117 articles.

Contrairement au droit civil et commercial, cette ordonnance fixe et détermine les règlemens et les conventions d'une société anonyme, QUI POURRA, dit l'art. 1er, *être formée* à l'île de Bourbon, lorsque le droit de l'autorité se réduit à approuver ou à rejeter les stipulations communes, après que les sociétaires les auront eux-mêmes fixées et déterminées.

Si les fonds avaient dû être fournis par le gouvernement, sur ceux de la réserve coloniale, comme cela avait déjà eu lieu, sans inconvénient et au contraire avec profit pour le trésor, lors d'une première institution de pareille nature, rien de mieux, et pas d'objections : libre alors au gouvernement de faire ses conditions, et à nous de les accepter ou de les refuser.

Puisqu'il n'en était pas ainsi, quel intérêt avaient donc les rédacteurs ou les provocateurs de cette ordonnance, pour outrepasser avec cette violence les dispositions du code de commerce? (Art. 37.) En présence d'une notoriété, que nul à Bourbon n'oserait contester, les réflexions surabondent : je les supprime, persuadé, comme je le suis, d'après la connaissance que vous avez des choses et des lieux, que vous les avez déjà faites en partie, et voulant d'ailleurs, dans une matière aussi sérieuse, ne rien avancer qui puisse ressembler à ce qu'on appelle *personnalités*. Mais ce qu'il ne faut point passer sous silence, c'est que l'art. 115, de cette même ordonnance, eût bouleversé la fortune publique de notre pays, sans la prudente temporisation du chef d'alors, Monsieur de Freycinet; et jamais ma voix n'aura trop de force, pour payer à ce digne représentant d'un bon Roi le tribut de la reconnaissance que nous lui conservons, pour ce dernier acte d'une administration toute bienveillante, et véritablement paternelle.

En 1827 (30 septembre), ORDONNANCE en 311 articles, laquelle donne à l'île de Bourbon un nouveau régime judiciaire.

A cette apparition, Monsieur, toutes les indignations ont éclaté à-la-fois.

*Mépris* des plus simples notions en législation judiciaire : *ignorance* même des localités, pour la mise à exécution de cette œuvre inconcevable, et cependant si malheureusement conçue.

*Violation de propriété* dans l'amovibilité substi-
tuée à l'inamovibilité des magistrats déjà en pos-
session. ( Art. 107.) (1)

*Violation de la charte* qui dit (art. 3) que les
Français sont **tous** également admissibles aux emplois civils et militaires, et leur garantit (art. 58)
l'inamovibilité de leurs juges..... Et nous sommes
Français !

*Immoralité* dans le célibat et l'existence de pro-
létaires imposés à un certain nombre de magistrats ;
comme si la qualité d'époux, de père, de proprié-
taire, cessait d'être l'une des plus solides garanties
de toute société ; comme si, encore, la dignité du
magistrat avait beaucoup à gagner, à ce que certains
plaideurs ne pussent faire agir l'influence d'une
épouse vertueuse, tandis qu'ils auront un libre ac-
cès, avec toute espérance de réussite, auprès d'une
indigne concubine. (Art. 103 et 104.) (2)

(1) Art. 107. « Seront nommés par nous les magistrats et
» les greffiers de la cour royale et du tribunal de première
» instance, et les juges-de-paix.

» Ils exerceront leurs fonctions dans la colonie tant que
» nous le jugerons convenable au bien de notre service. »

(2) Art. 103. « Nul ne pourra être procureur-général ou
» avocat-général, s'il est né dans la colonie, s'il y a contracté
» mariage avec une créole de l'île, ou s'il possède des pro-
» priétés foncières, soit de son chef, soit de celui de sa femme.

» Si le mariage est contracté, ou la propriété acquise, posté-
» rieurement à sa nomination, il sera pourvu à son rempla-
» cement. »

Art. 104. « Les conditions prescrites à l'égard du procu-

*Violation de propriété* encore, dans la suppression de la profession d'avocat (art. 175) (1); de ce droit acquis par de graves études et des déboursés effectifs; profession devenue la ressource ordinaire de nos jeunes créoles, dont l'éducation s'est faite en France à grands frais, et qui, rentrés dans leurs foyers, y verront disparaître cette perspective d'honneur, de fortune et d'indépendance, qui s'ouvrait devant eux : de nos jeunes créoles déjà écartés, pour la plupart, avec une affectation outrageante, des emplois, même les plus subalternes, d'une administration que leurs pères *paient cependant.....* Monsieur, c'est nous frapper au cœur en la personne de nos enfans; et cette douleur, il est hors de nous, hors de qui que ce soit, de pouvoir la supporter.

*Principes et élémens d'anarchie coloniale,* dans le pouvoir départi au procureur-général, par l'article 72, de faire rectifier d'office les actes de l'état

» reur-général par l'article précédent, seront applicables à
» trois des conseillers de la cour désignés par nous, ainsi
» qu'au juge royal. »

(1) Art. 175. « Les avoués seront exclusivement chargés
» de représenter les parties devant la cour royale et le tribunal
» de première instance, de faire les actes de forme néces-
» saires pour l'instruction des causes, l'obtention et l'exécu-
» tion des jugemens et arrêts.

» Ils plaideront pour leurs parties, tant en demandant
» qu'en défendant, et ils rédigeront, s'il y a lieu, toutes
» consultations, mémoires et écritures. »

civil, en ce qui concerne un homme de couleur libre, ou un esclave, jouissant depuis long-temps d'un état contre lequel personne ne réclame; et lorsque d'ailleurs, ces hommes sont de bonnes mœurs, et n'offrent rien, dans leur conduite, qui compromette l'ordre public; inconséquence aveugle, qui tend à irriter une caste qu'il est au contraire politique de ménager, comme un utile intermédiaire; faute grave, que se gardèrent bien de commettre nos anciennes assemblées coloniales, à la sagesse desquelles, sur ce point, l'île de Bourbon doit de s'être préservée des désastres qui ont frappé les autres colonies.

Enfin, ridicule achevé, dans cette création d'un corps judiciaire acéphale, ou qui change de tête tous les trois ans. (Art. 37.)

Voilà donc, Monsieur, ce qu'on n'a pas hésité à nous donner, comme devant servir à protéger ce que les hommes ont de plus précieux, c'est-à-dire une magistrature amovible, plus d'avocats, des avoués révocables, et un procureur-général censeur de nos défenses. En vérité, il est difficile de porter plus loin l'imprévoyance de l'arbitraire.

Vous avez habité Bourbon assez long-temps, Monsieur, pour avoir apprécié son importance : Convenez qu'il ne vous a pas fallu une aussi longue résidence en France, que celle que vous avez faite parmi nous, pour vous pénétrer que les esprits et les localités de notre colonie, et ce que mérite sa population, sont bien peu connus de ceux en qui le ministère se confie, pour l'émission de ses actes. En faut-il d'autre preuve que ce qui se passe au moment où je vous écris? Aucun de nos anciens juges n'a consenti à faire partie de la nouvelle Cour Royale, que notre opinion publique, qui a aussi son énergie, défend d'appeler autrement que Commission Royale. Un seul créole appartenant au ministère public, comme substitut du procureur-général, et par conséquent dans la ligne des révocables, s'est maintenu dans cette ligne, en échangeant les fonctions de procureur du Roi pour celles de conseiller-auditeur, auxquelles il était destiné dans la nouvelle formation. Un autre créole, avocat de profession, et ayant déjà traité de l'acquisition d'une charge de notaire, dont l'étude ne doit lui être remise qu'à la fin de l'année, sollicité longtemps, s'est enfin décidé à accepter une place de conseiller-auditeur, mais pour six mois seulement, et sous la promesse, à lui faite par le gouverneur, de lui délivrer, en janvier prochain, le diplôme qui le rendra titulaire de la charge qu'il a acquise.

Je ne doute pas que les intéressés dans cette succession d'actes qui éveillent toutes nos appréhensions pour l'avenir, n'attribuent à un esprit de cabale et de faction, à une disposition même à la révolte, les circonstances dont je viens de vous rendre compte. Non, Monsieur, aucun de ces sen-

timens ne nous anime, mais bien celui d'une lé-
gitime indignation qui repousse une offense. C'est
le véritable esprit colon qui agit seul en cette occasion : c'est cet esprit né et fortifié avec nous, et
presque malgré nous, aussi indestructible que la
mer qui gronde sans cesse sous nos yeux, et que le
volcan qui brûle sur nos têtes : double merveille
dont le génie créole semble en quelque sorte par-
ticiper. C'est cet esprit, enfin, dont on a vu les
ressources et les effets, lors de la grande catastrophe
de 1815, et en 1820, quand un mal horrible et
contagieux eut pénétré jusqu'à nous.

Revenons à l'ordre d'idées qui fait le point es-
sentiel de cette lettre, déjà peut-être un peu trop
longue.

L'Ile de Bourbon est aujourd'hui florissante, au
delà même de ce qu'il était naturel d'espérer ; mais
cette prospérité, elle la doit à la longue durée d'une
paix, qui, chez elle comme partout ailleurs, a
développé toute industrie possible. Elle vit, en
quelque façon, de cette force des choses contre laquelle les institutions même les plus vicieuses vien-
nent échouer. Mais il peut lui survenir des jours
mauvais ; et combien, alors, se fera sentir le besoin
d'un dévouement et d'une affection, que, jusqu'à
présent, on a paru fort peu jaloux d'alimenter !

Mettre en réserve pour les temps de calamités,
voilà ce que la sagesse conseille ; et pour obtenir

ce résultat, quant à nous, que faut-il faire? le moyen est simple.

Poser, par une *Loi*, les bases de notre existence sociale et politique, comme partie intégrante de la France, en réalisant à notre égard les promesses de la Charte :

Et faire disparaître ainsi cette continuelle versatilité d'ordonnances, de réglemens institutifs, de décisions souvent contraires : versatilité qui fatigue, inquiète et aigrit.

Cesser, enfin, de voir dans une colonie toute française autre chose qu'un Pachalik, et dans les individus dont se compose sa population, d'autres individus que des Fellahs égyptiens.

Les chambres, Monsieur, ont la faculté de supplier le Roi de proposer une LOI sur quelque objet que ce soit, et d'indiquer ce qu'il leur paraît convenable que la loi contienne. ( Article 19 de la Charte. )

Si, comme cela paraît à-peu-près arrêté, les chambres doivent être pétitionnées à la session prochaine sur ce qui constitue nos plus chers intérêts, elles auraient à examiner, si,

UNE COLONIE

dont la fondation date aujourd'hui de près de cent soixante ans, et qui a toujours conservé identité de mœurs, de langage et de culte *avec sa métropole;*

Qui, abandonnée pendant douze ans de *sa métropole*, que dis-je, constamment menacée par elle (1) pendant cet espace de temps, a cependant su se constituer, s'imposer, s'administrer et se maintenir dans un état de conservation parfaite;

Dont l'administration intérieure actuelle, quoique dispendieuse, ne coûte RIEN à *sa métropole*, et qui, sauf quelques secours passagers, a fourni, jusqu'à ces deux dernières années, aux dépenses de la protection en hommes et en vaisseaux qui lui est accordée;

Dont la consommation en produit des diverses industries de *sa métropole* s'élève à une quotité qu'il serait impossible d'imaginer, si la preuve n'en résultait des registres de douanes, et qui frappe d'un grand étonnement les étrangers qui en sont les témoins;

Dont les produits territoriaux versés exclusivement dans les magasins de *sa métropole*, procurent au trésor de celle-ci une perception évaluée de *cinq* à *six millions;*

Dont la navigation lointaine forme une pépinière de marins habiles, que sa *métropole* retrouvera comme d'intrépides défenseurs, quand il ne sera plus question de commercer, mais de combattre;

Qui rend à la circulation de sa *métropole* un

______

(1) Décret du 16 pluviose an 2 sur l'affranchissement général des esclaves.

grand nombre des fortunes privées, qui sont dues à la fertilité de son sol, à l'habileté de ses cultivateurs et à l'expérience de ses négocians.

Les chambres, dis-je, auraient à examiner si une TELLE COLONIE doit être long-temps encore privée d'institutions positives, qui lui assurent :

1°. Une représentation coloniale indépendante, formée d'après un mode électoral, conforme, autant que possible, à celui de la France.

2°. Et, par conséquent, le vote libre et raisonné de son impôt.

3°. Une magistrature inamovible, telle qu'elle l'a toujours eue, jusqu'au 30 septembre 1827.

4°. Une entière liberté dans la défense de ses intérêts privés en jugement.

5°. Un représentant à la chambre des députés.

La chambre des députés, Monsieur, représentant toutes les industries qui font la richesse et la gloire de la France, ce n'est que de son sein que pourra sortir une proposition de LOI, *travaillée avec sagesse et maturité*, et justement appropriée à ce qu'exigent ces mêmes industries, si sérieusement intéressées à la prospérité des Colonies.

Il nous eût été doux de continuer à rester sous un régime exclusivement royal ; peut-être même en avons-nous quelquefois formé le vœu. Mais la direction qu'on s'efforce, depuis quelques années, de donner à nos affaires intérieures, et surtout cette manière un peu singulière dont on prétend nous distribuer la justice, nous obligent à élever la voix, et à réclamer ce que le Roi *Législateur* nous a promis dans l'œuvre de son immortelle sagesse.

Vous connaîtrez, Monsieur, par les épanchemens de cette lettre, combien je reste convaincu de l'attachement que vous conservez à cette Ile, où vous avez encore une partie de votre famille et de votre fortune. Voyez-y surtout, je vous en supplie, la preuve de mes sentimens particuliers, et de ma profonde estime pour vos qualités personnelles, que, mieux que qui que ce soit, j'ai été longtemps dans la position de bien apprécier.

Imprimerie de GUEFFIER, rue Mazarine, n° 23.